초등학교 교과서 중심 바른 글씨 쓰기 연습

2학년 국어

예쁘게

따라쓰기

이 쓰기 책은 기존의 쓰기 책이 단순히 쓰는 문제나 모양(꼴)에 의존한 쓰기 공부인데 비해
교과서의 읽기, 말하기 듣기, 쓰기를 심층 분석하여 각 내용에 맞게 재구성하였습니다.
바르게 쓰는 것은 예쁘게 쓰는 것이며, 예쁘게 쓰는 것은 아름다운 심성을 기르는 것과도 같습니다.
우리 말 한글을 예쁘게 쓰고 바르게 사용하시기 바랍니다.

차 례

1. 인사 ··· 3
   (1) 축하할 때 ··· 3
   (2) 감사할 때 ··· 4
   (3) 사과할 때 ··· 5
   (4) 위로할 때 ··· 6
   (5) 학교에 갈 때 ····································· 7
   (6) 방문할 때 ··· 8
2. 흉내내는 말 ··· 9
   (1) 소 리 ··· 9
   (2) 모 양 ··· 12
3. 동 시 ·· 15
4. 문장 부호 ··· 19
5. 두 문장 하나로 잇기 ····························· 23
6. 글자가 같고 뜻이 다른 말 ···················· 27
7. 전화 예절 ··· 33
8. 꾸미는 말 ··· 35
9. 가리키는 말 ··· 41
   (1) 사 람 ··· 41
   (2) 물 건 ··· 43
   (3) 장 소 ··· 44
   (4) 방 향 ··· 45
10. 원인과 결과 ·· 47
11. 언제, 어디에서, 무엇을 ······················· 51
    (1) 언 제 ·· 51
    (2) 어디에서 ··· 53
    (3) 무엇을 ·· 55
    (4) 누가, 어디에서, 무엇을 한다 ··········· 57
12. 높임말 ·· 59
13. 지켜야 할 일 ······································ 63

1. 인사

(1) 축하할 때

- 상황에 따라 인사하는 방법을 안다.
- ◇ 모양의 글자를 익힌다.

✎ 글자를 바르게 쓰세요.

"미숙아, 졸업을 축하해."

"언니, 고마워."

(2) 감사할 때

우리 주변에는 여러 사람의 편리를 위해 봉사하는 분들이 많습니다.
고마움을 인사로 표현해 봅시다.

아저씨, 고맙습니다. 안녕히 가세요.

그래, 잘 있어라.

✎ 글자를 바르게 쓰세요.

"아저씨, 고맙습니다.
안녕히 가세요."

"그래, 잘 있어라."

(3) 사과할 때

👉 실수를 하였을 때는 목소리를 낮추고 정중히 사과를 합니다.

✏️ **글자를 바르게 쓰세요.**

"어머, 미안해. 바빠서 내가 실수했어."

"아니야, 괜찮아."

(4) 위로할 때

- 친구가 아프거나 어려운 일을 당했을 때 따뜻한 위로의 한마디는 큰 힘이 됩니다.
- ◇모양의 글자를 익힌다.

✎ 글자를 바르게 쓰세요.

"금래야, 많이 아프구나? 빨리 학교에 와. 친구들이 걱정하고 있어."

"걱정해 주어서 고마워."

(5) 학교에 갈 때

- 학교에 갈 때나 외출할 때의 인사는 부모님과의 사랑도 확인하고 걱정을 덜어드리게 됩니다.
- ◇모양의 글자를 익힌다.

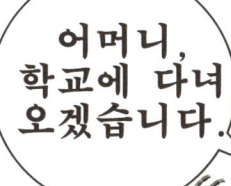
"어머니, 학교에 다녀오겠습니다."

"그래, 조심해서 잘 다녀오거라."

✎ **글자를 바르게 쓰세요.**

"어머니, 학교에 다녀오겠습니다."

"그래, 조심해서 잘 다녀오거라."

(6) 방문할 때

남의 집을 방문할 때의 바른 인사는 반가움을 더해 줍니다.

✎ 글자를 바르게 쓰세요.

"안녕? 나 윤호야."

"어서 들어와."

2. 흉내내는 말

(1) 소리

상황에 따른 흉내내는 말로 표현력을 높입니다.

시냇물이 졸졸졸 노래하며 흘러갑니다.

✎ 글자를 바르게 쓰세요.

시냇물이 졸졸졸 노래하며 흘러갑니다.

✎ 글자를 바르게 쓰세요.

둥둥둥 들리는 북소리

따르릉 따르릉 비켜나세요.

글자를 바르게 쓰세요.

"삐약삐약, 큰일 났네."

포수가 총을 탕탕 쏘았습니다.

(2) 모양

- 상황을 보고 느낀대로 글로 표현해 봅시다.
- 모양의 글자를 익힌다.

나비가 나풀나풀 춤을 추며 날아갑니다.

✏️ 글자를 바르게 쓰세요.

큰 구름은 둥둥 떠가고, 작은 구름은 동동 떠 갑니다.

깡충깡충 뛰는 토끼

나무

나무는 욕심도 많아
여러 개의 손으로
하늘도 만지고
바람도 만지네 말야.

나무는 욕심도 많아
팔을 내민 곳곳에
여러 개의 눈으로
세상 이곳 저곳을
읽어 보네.

동시를 바르게 쓰세요.

나무

나무는 욕심도 많아
여러 개의 손으로
하늘도 담기고
바람도 담지나 말아.

나무는 욕심도 많아
팔을 내밀 곳곳에
여러 개의 눈으로
세상 이곳저곳을
읽어 보네.

햇빛

엄마 같은 햇빛이
흙을 어루만지면
흙 속에서 어린 싹이
기지개를 켠다.

마치 어린아이가
젖을 먹듯
무럭무럭 자란다.
햇빛은
엄마 중의 엄마이다.

동시를 바르게 쓰세요.

햇빛

엄마 같은 햇빛이
흙을 어루만지면
흙 속에서 어린 싹이
가지개를 켠다.

마치 어린 아이가
젖을 먹듯
무럭무럭 자란다.
햇빛은
엄마 중의 엄마이다.

동시를 바르게 쓰세요.

✏️ **글자를 바르게 쓰세요.**

방글방글 웃는 아기

송알송알 싸리잎에 은구슬 조롱조롱 거미줄에 옥구슬

4. 문장 부호

- 온점(.)과 큰따옴표(")는 한 칸에 씁니다.
- 물음표(?)와 느낌표(!)는 한 칸의 가운데에 씁니다.

문장 부호의 사용법과 쓰는 위치를 익혀 보세요.

✎ 글자를 바르게 쓰세요.

"나무야, 잘 잤니?"

"아! 어쩌면 이렇게 따사로울까!"

✎ 글자를 바르게 쓰세요.

"응, 상희로구나!"

"무슨 일 있었니?"

✎ 글자를 바르게 쓰세요.

"그렇다고 인사도 안 해?"

"오, 철이 왔구나!"

✎ 글자를 바르게 쓰세요.

어머나, 세상에…….

"엄마, 여기에 왠 오리가 있지?"

5. 두 문장 하나로 잇기

- 앞문장의 끝을 '~고'로 바꾸고 뒷문장을 잇습니다.
- 이어쓰는 방법을 안다.

✏️ 글자를 바르게 쓰세요.

은주는 노래를 부릅니다. 친구들은 손뼉을 칩니다.

은주는 노래를 부르고, 친구들은 손뼉을 칩니다.

✏️ **글자를 바르게 쓰세요.**

　재동이는　그림을　그렸고,　아버지께서는　낚시질을　하셨습니다.

　나는　학교에　가며,　동생은　유치원에　갑니다.

✏️ **글자를 바르게 쓰세요.**

형은 피아노를 치고, 동생은 공놀이를 합니다.

현숙이는 상으로 공책을 받았고, 경진이는 상으로 연필을 받았습니다.

✏️ 글자를 바르게 쓰세요.

현빈이는 노래를 잘 부르고, 소라는 달리기를 잘 합니다.

종수는 숙제를 하고, 미나는 블록쌓기를 했습니다.

6. 글자가 같고 뜻이 다른 말

- 소리는 같고 뜻이 다른 말을 알아 봅시다.
- 간격에 맞춰 글씨를 쓴다.

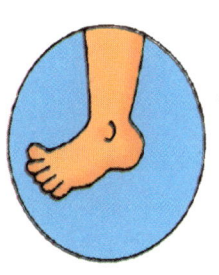
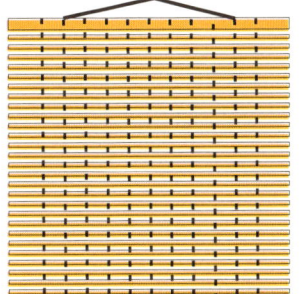

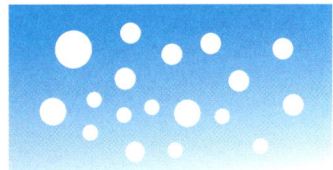

✎ 글자를 바르게 쓰세요.

발을 씻고 들어가 방문에 발을 쳤습니다.

눈이 많이 내려서 눈을 뜰 수가 없습니다.

✎ 글자를 바르게 쓰세요.

벌을 받고 있는데, 벌이 머리 위로 날아갔습니다.

어머니께서 사오신 밤을 밤에 먹었습니다.

먹는 굴

동굴

✎ 글자를 바르게 쓰세요.

내 동생은 굴을 잘 먹습니다.

박쥐는 어두운 굴 속에서 삽니다.

✎ 글자를 바르게 쓰세요.

말은 말을 할 수 없습니다.

자전거를 타다.
불이 활활 타다.
상을 타다.

✎ 글자를 바르게 쓰세요.

배가 거친 파도를 헤치며 나아갑니다.

2학년이 되니 힘이 배로 세졌습니다.

✎ 글자를 바르게 쓰세요.

밥을 짓다.

집을 짓다.

노래를 부르다.

배가 부르다.

철수를 부르다.

7. 전화 예절

- 전화 예절을 익힌다.
- 글자의 크기에 맞게 쓴다.

✎ 글자를 바르게 쓰세요.

따르릉, 네 장안동입니다.

안녕하세요? 저는 이재숙입니다. 재동이 있습니까?

지금 집에 없는데요.

✏️ 글자를 바르게 쓰세요.

　　말씀 좀 전해 주시겠습니까?

　　뭐라고 전해드릴까요?

　　재숙이 한테서 전화왔었다고 전해 주시겠습니까?

8. 꾸미는 말

- 느낌이 바르게 전달되도록 글을 꾸며봅시다.
- 위치에 맞는 글을 쓴다.

✎ 글자를 바르게 쓰세요.

높은 산. 푸른 나무.

맑은 물. 깨끗한 강.

✏️ **글자를 바르게 쓰세요.**

높고 푸른 하늘.

노랗고 예쁜 개나리.

✍ 글자를 바르게 쓰세요.

아름다운 섬 큰 배

훨훨 날아가는 나비

✍ 글자를 바르게 쓰세요.

　많은　어부들이　고기를
신나게　잡습니다.

　많은　갈매기가　높이
날아갑니다

자, 힘을 내!

✏️ **글자를 바르게 쓰세요.**

고모가 내 등을 살짝 두드려 주셨습니다.

야윈 외삼촌께서 내 등을 가볍게 두드려 주셨습니다.

✏️ 글자를 바르게 쓰세요.

파란 바다가 매우 넓습니다.

멋있는 배가 빠르게 지나갑니다.

9. 가리키는 말

(1) 사람

지시하는 말을 알맞게 씁니다.
사람을 가리키는 말.
(나, 너, 우리)

나는 너무 예쁘다.

너는 공주병에 걸렸어.

✍ 글자를 바르게 쓰세요.

나는 배구를 좋아해.

너는 축구를 좋아해.

✍ 글자를 바르게 쓰세요.

우리는 스포츠를 좋아한다.

(2) 물건

물건을 가리키는 말
(이것, 그것, 저것)

✎ 글자를 바르게 쓰세요.

이것은 오렌지이다.

그것은 귤이다.

저것은 바나나이다.

(3) 장소

장소를 가리키는 말
(여기, 거기, 저기)

글자를 바르게 쓰세요.

여기 앉으세요.

거기에 있었습니다.

저기에 서 있었어요.

(4) 방향

● 방향을 가리키는 말

(이쪽, 저쪽, 그쪽) 쪽)

✎ 글자를 바르게 쓰세요.

이리 오세요.

그리 오십시오.

✎ 글자를 바르게 쓰세요.

저리 갔습니다.

이 쪽에 있습니다.

10. 원인과 결과

● 원인에 따른 결과를 이해합니다.

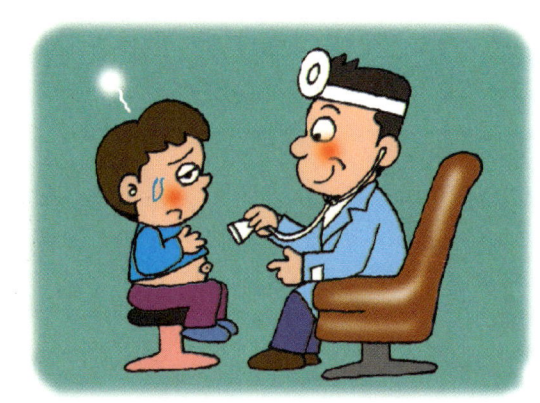

✎ 글자를 바르게 쓰세요.

비가 촉촉히 와서 꽃이 활짝 피었습니다.

배가 아파서 병원에 갔습니다.

✎ 글자를 바르게 쓰세요.

비가 많이 와서 다리가 물에 잠겼습니다.

키가 많이 자라서 옷이 맞지가 않았습니다.

✎ 글자를 바르게 쓰세요.

청소를 해서 교실이
깨끗해졌습니다.

날씨가 더워서 아이스
크림이 많이 팔렸어요.

✎ 글자를 바르게 쓰세요.

자동차가 많아서 길이 매우 복잡했습니다.

바람이 불어서 창문이 덜컹거렸습니다.

11. 언제, 어디에서, 무엇을

(1) 언제

- 글을 순서에 맞게 씁시다.
- '언제'는 시간을 나타낸다.

✎ 글자를 바르게 쓰세요.

해숙이는 아침에 줄넘기를 합니다.

승원이는 낮에 공차기를 합니다.

✎ 글자를 바르게 쓰세요.

나는 점심 시간에 도시락을 먹었습니다.

어린이날에 나는 어린이 대공원에 갔습니다.

(2) 어디에서

어디에서는 장소를 나타낸다.

✎ 글자를 바르게 쓰세요.

현빈이는 마당에서 공차기를 합니다.

혜원이는 우체국에서 편지를 붙칩니다.

✎ 글자를 바르게 쓰세요.

아기가 놀이터에서 미끄럼을 탑니다.

나는 방 안에서 그림맞추기놀이를 합니다.

(3) 무엇을

'무엇을'은 목적을 나타낸다.

✎ 글자를 바르게 쓰세요.

어머니께서 부엌에서
그릇을 씻으십니다.

아버지께서 골목길에서
비질을 하십니다.

✏️ 글자를 바르게 쓰세요.

보람이가 길에서 자전거를 탑니다.

솔이가 마당에서 청소를 합니다.

누가, 어디에서, 무엇을~한다.
를 순서대로 써 보세요.

✎ 글자를 바르게 쓰세요.

훈장님이 서당에서 글을 읽습니다.

아기가 놀이터에서 미끄럼을 타고 있습니다.

✏️ 글자를 바르게 쓰세요.

나무꾼이 마당에서 약을 달이고 있습니다.

부모님께서 나에게 책을 사 주셨습니다.

12. 높임말

- 존대말을 쓸 줄 압니다.
- 존대말이란 상대를 높여 주는 높임말 입니다.

✎ 글자를 바르게 쓰세요.

　어머님, 방 안으로 들어 오십시오.

　아버님, 진지 잡수십시오.

이거 어머니께 갖다 드리거라.

✎ 글자를 바르게 쓰세요.

할머니께서 갖다 드리라고 했습니다.

나는 쫓아가 의심나는 것을 여쭈었습니다.

✏ 글자를 바르게 쓰세요.

삼촌 댁에는 강아지가
다섯 마리 있습니다.

이 꽃 좀 보세요.

✎ 글자를 바르게 쓰세요.

어머니는 할머니를 돌보셨습니다.

내 말은 귀담아들으시고 대답을 하셨습니다.

13. 지켜야 할 일

- 지켜야 할 일을 알아봅니다.
- 위치에 맞게 글씨를 쓴다.

✎ 글자를 바르게 쓰세요.

깊은 물에 가지 않기

찬 음식 많이 먹지 않기

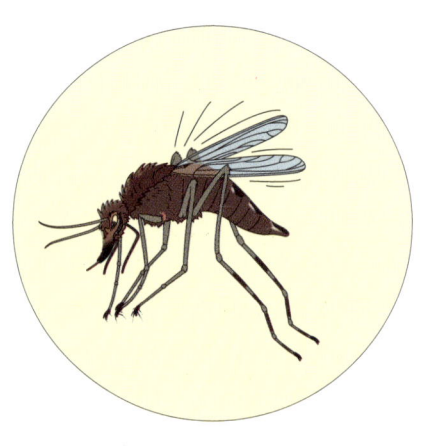

✎ **글자를 바르게 쓰세요.**

모기에 물리지 않도록 조심하기

일찍 일어나 체조하기